지구를 부탁해

<u>미스터리 고민 상담소</u>

그레이트
BOOKS

초등과학Q는 과학의 기본 개념을
말랑말랑하게 풀어낸 세상 친절한 과학 해설서예요.
핵심을 찌르는 재치 넘치는 질문! 웃음이 가득한 탐구 과정!
재미있는 글과 그림을 따라가면 암호문 같은
과학 교과서가 술술 읽힐 거예요.

초등과학 Q 2
지구를 부탁해
미스터리 고민 상담소

전정아 글 이창우 그림 홍태경 감수

목차

Q 지구 아줌마, 그녀가 특별한 이유는? 8
지구의 역사

Q 지성이는 왜 전화를 받지 않는 걸까? 72
지구의 자전

Q 왜 달 아가씨 얼굴에는 다크서클이 생길까? 90
달의 공전

화창한 봄날 아침이에요.
엉뚱 박사와 또또는 따뜻한 우유와 도넛을 먹고 있었어요.
그때 한 통의 전화가 걸려 왔어요.
"안녕하셔유. 저예요, 지구."
구수한 목소리의 주인공은 다름 아닌 지구 아줌마였어요.

"박사님, 며칠 후면 태양계 최고 행성을 뽑는 경연 대회가 열려유. 근디 말여유… 고민이 생겼슈."

엉뚱 박사는 지구 아줌마의 목소리에 눈이 반짝 빛났어요.

"경연 대회요? 정말 멋지네요! 근데 무슨 고민이 생긴 거죠?"

"저는 이번 대회에 꼭 나가고 싶어유. 요즘 기분도 꿀꿀하고 뭔가 분위기 전환이 필요했거든유. 휴~ 그런데 최고의 행성이 되기 위한 나만의 특별한 매력이 뭔지 도통 모르겠더라구유."

지구 아줌마의 떨리는 목소리에는 그녀의 간절한 마음이 담겨 있었어요.

"그렇군요. 혹시 우주에 왔던 첫 순간을 기억하세요?"

"너무 옛날이라 가물가물한데, 느낌은 아직도 생생해유. 46억 년 전이니까 지금과는 아주 다른 모습이였쥬."

그때 지구 아줌마는 먼지가 수북이 쌓인 책들 사이에서 앨범을 꺼내 들었어요.

"여기 있네! 어린 시절이라면 앨범에 잘 간직해 뒀거든유."

지구 아줌마는 설레는 마음으로 앨범의 첫 장을 펼쳐 보았어요.

약 46억 년 전 ☆ 축! 탄생 지구 ☆

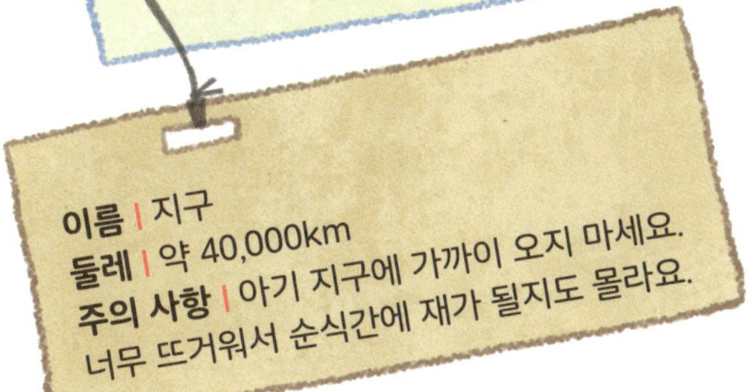

이름 | 지구
둘레 | 약 40,000km
주의 사항 | 아기 지구에 가까이 오지 마세요. 너무 뜨거워서 순식간에 재가 될지도 몰라요.

"막 태어났을 때 저는 펄펄 끓는 불덩어리였슈. 그때 태양 주위를 돌던 수많은 행성과 부딪히고 뭉쳐졌거든유. 게다가 화산이 폭발해 용암도 마구 분출했쥬.

지구의 탄생에 관해서는 여러가지 설이 있지만 태양이 생길 때 그 주변을 돌던 먼지와 가스가 뭉쳐서 생겼다는 주장이 많은 사람들의 지지를 받고 있어요.

"펄펄 끓던 저는 수억 년에 걸쳐 서서히 식어 갔고 표면에는 단단하고 얇은 껍질이 생겼어유."

"뜨거운 열기가 식는 데는 몇억 년 동안 쏟아진 비도 한몫했죠?"

엉뚱 박사의 말에 지구 아줌마는 고개를 끄덕였어요.

"맞아유! 주변 행성들과 충돌이 잦아들자 온도가 내려가기 시작했는데, 그때 대기 속 수증기가 엉겨 붙어 물방울이 되면서 큰비가 쏟아졌슈. 그 후 바다가 생겼어유."

그땐, 달과의 거리도 정말 가까웠슈.

〈천방지축 꼬마 시절〉

하지만 여전히 지구는 뜨겁고 대기에는 암모니아와 메탄 같은 유독 가스가 가득했죠.

★ 드디어 땅과 바다가 생겼다! ★
엄청난 비가 쏟아지던 날, 여동생 달과 함께 찰칵!

"바다에서 지구 최초의 생명체가 탄생했지요?"

지구 아줌마는 흐뭇하게 미소 지으며 말했어요.

"그래유, 바다에서 낌새가 보였슈. 여러 물질이 잔뜩 녹아 있었거든유. 덕분에 하나의 세포로 이루어진 박테리아가 등장한 거예유."

"아무것도 없던 지구에 기적이 일어난 순간이네요!"

☆ 지구에 생명체가 꿈틀! ☆
바닷속 박테리아는 스스로 복제하고 번식하면서 바다 여기저기를 돌아다녔어.

"아항항, 기적은 계속해서 이어졌슈. 몇십억 년 동안 세포가 번식하면서 바다에 식물이 생겼거든유."

식물이라는 말에 엉뚱 박사가 재빨리 아는 척했어요.

"그래요! 식물들 덕분에 바다에 산소가 생겼잖아요."

"말도 말아유, 그 산소가 지구의 대기까지 올라갔잖아유~."

엉뚱 박사와 통화하던 지구 아줌마는 마치 오랜 친구와 이야기하듯 점점 편안한 기분이 들었어요.

〈파릇파릇 어린이 시절〉

☆ 약 35억 년 전 ☆

바닷속 식물의 광합성 덕분에 생긴 산소가 대기를 채우면서
독성을 띤 기체도 점차 사라졌어!

"시간이 흐르자 바다에 살던 단순한 세포들이 점차 요상한 모양으로 진화했슈. 얼마나 괴상망측했는지 몰라유."

"삼엽충이나 텔로두스 같은 생물 말이죠?"

"움마, 어떻게 다 알았데유?"

지구 아줌마가 깜짝 놀라자 엉뚱 박사가 허허 웃으며 말했어요.

"생물이 죽어 땅속에 묻히면 화석이 되잖아요. 이 화석으로 과거에 살던 생물을 짐작해 볼 수 있거든요."

그때 옆에서 귀를 쫑긋 세우며 엿듣던 또또가 끼어들었어요.

☆ 캄브리아 대폭발기 ☆
바닷속에는 갖가지 생물들이 엄청나게 많아졌어!

그 시절에 살던 생물들은 왜 바다에서만 살았대요?

★ 두둥! 오존층 생성, 식물이여 지상으로! ★

산소의 양이 늘고 오존이 생성되자, 바닷속 식물이 뭍으로 올라왔지.
흙과 바위뿐이던 육지에 숲이 생겼어.

그건 바로 햇빛 때문이쥬. 햇빛은 우리를 따뜻하게 해 주지만 생물에게 해로운 방사선도 내뿜어유. 다행히 지구를 둘러싼 대기에 방사선을 막아 주는 오존이 생성된 뒤에는 바다에 살던 생물들도 점차 육지로 올라오기 시작했어유.

코를 후비적거리던 또또는 코딱지를 돌돌 말며 물었어요.

"바다에 살던 생물이 땅 위에서도 잘 살았나요?"

"고생깨나 했슈. 육지로 올라 온 물고기는 지느러미가 다리로 변하고 아가미 대신에 허파로 숨쉬기 시작했슈. 양서류가 등장한 거예유. 그 후 육지에 살도록 알맞게 진화하면서 파충류가 되었쥬."

반대쪽 코를 후비던 또또는 '파충류'라는 말에 소리를 높였어요.
"어? 파충류라면 공룡이 제일 유명하잖아요!"
"맞아유. 화산이 폭발하고 몇 차례 큰 추위가 지나자 새로운 생물이 나타났슈. 그중 커다란 공룡들이 세상을 지배하고, 새끼를 낳아 젖을 먹여 기르는 포유류는 땅굴에 숨어서 살았슈."

 하지만 지구에 영원히 존재하는 생물은 없어유. 하늘에서 거대한 별똥별이 떨어지자, 엄청난 가스와 먼지가 햇빛을 막아 무지 추워졌어유. 그 후, 대부분의 생물이 사라져버렸슈.

생물이 사라진 이유에 대해서는 여러가지 설이 있지만 지구와 소행성의 충돌 때문이라는 주장이 널리 퍼져 있지요.

✨ 약 6천 5백만 년 전 – 지구와 소행성 충돌 ✨

그래도 여전히 살아남은 생물들이 있었슈. 특히 땅 밑에 숨어 살던 작은 포유류들은 점점 세력을 넓혀 갔어유. 포유류는 땅굴을 벗어나 산으로 들로 퍼져 나가 번식하고 진화하기 시작했쥬.

WE ARE THE WORLD

⭐ 약 5천만 년 전 - 포유류 전성시대 ⭐

포유류는 다양한 환경에 적응해 나가고 새끼들을 정성껏 돌보는 똑똑한 생물이야!

✯ 약 4백만 년 전 - 최초의 인류, 오스트랄로피테쿠스 등장! ✯

130cm 정도로 작은 체구였지만 도구와 불을
사용하는 스마트함이 뿜뿜!

그들 중 나무에 살던 포유류 일부는
원숭이로 진화했지요.

근데요, 원숭이가 인류의 조상이라는
말이 사실이에요? 그러고 보니 박사님
얼굴이 살찐 원숭이 같아서요! 크크.

살, 살찐 원숭이? 큼큼. 학자들은 인류의 조상이
지금의 침팬지와 크게 다르지 않다고 말하고 있어.

그 이후 다시 빙하기가 시작되자 엄청난 추위가 찾아왔어유. 하지만 생각할 줄 아는 힘을 가진 인류는 달랐슈. 도구와 불을 사용하고 동물 가죽으로 옷을 해 입으며 추위를 극복했거든유. 마침내 인류가 지구의 새로운 시대를 열었어유.

앨범을 통해 과거를 되돌아본 지구 아줌마는 마치 46억 년의 긴 시간 여행을 마친 기분이었어요.

"빙하 시대를 지나 다시 따뜻해지는 과정을 겪으면서 저는 어른이 되었쥬. 수많은 어려움을 겪으면서 제 안에 위기를 극복하는 힘이 생겼거든유."

지구 아줌마는 거울 속 자신을 바라보며 기분 좋은 미소를 지었어요.

"엉뚱 박사님, 이제 알 것 같아유. **저는 물과 흙 그리고 숨쉬기 적당한 산소를 갖고 있는 행성이예유. 게다가 태양과의 적당한 거리 덕분에 아주 따뜻하쥬. 그래서 다양한 생물들이 함께 어우러져 살아갈 수 있어유.** 바로 이점이 태양계의 그 어떤 행성보다도 제가 아름답고 특별한 이유 아니겠어유?"

엉뚱 박사는 고개를 크게 끄덕였어요. 지구 아줌마의 말에 또 또는 다음 세대를 살아갈 친구들을 위해 소중한 지구를 더 아껴야겠다고 다짐했지요.

우리는 지구의 지배자가 아닌 지구에서 살아가는 생명 중 하나일 뿐이니까요.

인터뷰 | 스타 초대석

취재진도 빠져든 블랙홀 같은 매력의 소유자, 지구 아줌마.
그녀가 생각하는 자신의 매력이 무엇인지 함께 들어 보자.

- 지구는 육지 30%, 바다 70%로 이루어져 있어요. 육지에는 산, 들, 강이 있어서 곳곳에 다양한 생물들이 어울려 살아가지요. 또 드넓은 바다는 지구 이곳저곳을 순환하며 적절한 온도를 유지할 수 있도록 도와줘요.

- 지구는 태양과 적당한 거리에 있어서 다른 행성들에 비해 너무 춥지도 덥지도 않아요.

> 궁금한 거 있으면 또 물어봐유. 나 시간 많아.

- 지구 대기에는 산소와 오존층이 있어요. 오존층은 생물에 해로운 자외선을 막아 주지요.

> 저희가 바빠서 이만!

엉뚱 박사와 또또는 캐나다의 배드랜드를 여행 중이에요. 이곳은 세계 최대의 공룡 화석 도시로 유명해요. 또또는 한껏 들뜬 목소리로 말했어요.

"우아~ 박사님, 이곳은 암석들이 정말 아름다워요. 이건 마치….'

"그래, 뭔지 알겠지?"

"점심때 먹은 참치 샌드위치 같아요."

엉뚱 박사는 혀를 내두르며 말했어요.

"뭐든 먹을 것으로 생각하다니 또또 넌, 대단한 재주를 가졌어. **저건 '지층'이란다. 자갈이나 모래, 진흙 등으로 이루어진 암석들이 층층이 쌓여 오랜 시간 굳어진 거지.**"

"박사님, 지층에는 왜 저런 줄무늬가 보이는 거예요?"

또또가 입가에 묻은 초콜릿을 할짝대며 물었어요.

"그건 지층의 층마다 알갱이의 크기와 색깔이 다르기 때문이야."

지층을 바라보던 또또는 자꾸만 무지개 케이크가 떠올라 입안에 가득 침이 고였어요.

지층은 어떻게 만들어질까?

부서진 암석의 퇴적물이 물이나 바람에 의해 강이나 호수에 층층이 쌓여 오랜 시간이 지나면 단단한 지층이 돼요. 이 지층이 땅속에서 솟아오른 뒤 깎이면 우리 눈에 보이는 거예요. 지층은 층마다 두께와 색깔이 달라요. 또한 지구 내부의 힘을 받아 모양이 변하기도 해요.

날이 어둑어둑해지자 엉뚱 박사와 또또는 근처에서 캠핑을 했어요. 그런데 텐트에서 쿨쿨 자던 또또에게 문제가 생겼어요. 갑자기 배가 살살 아파 오기 시작한 거예요. 하지만 근처 어디에도 화장실이 보이지 않았어요. 또또는 눈 앞이 깜깜했어요.
"박, 박사님, 저… 똥 마려워요."
하지만 깊은 잠에 빠진 엉뚱 박사는 꿈쩍도 하지 않았어요. 또또는 너무 무서웠지만, 금방이라도 똥이 나올 것 같아 가까운 수풀 속으로 들어갔지요.

바로 그때였어요. 어두컴컴한 그림자가 스윽스윽 소리를 내며 서서히 다가왔지요.

깜짝 놀란 또또가 소리를 지르자, 그림자 속 누군가도 비명을 질러댔어요.

또또는 주섬주섬 바지를 추켜올리며 떨리는 목소리로 물었어요.

"누, 누구세요?"

"휴~, 저는 화석을 발굴하는 공룡 박사 디노예요."

"우와! 공룡 박사요? 그런데 여기서 뭐 하시는 거예요?"

"전 지금 범인을 찾고 있어요. 애써 발굴한 화석을 몽땅 도둑 맞았거든요."

디노 박사는 울상을 지으며 말을 이었어요.

"어젯밤, 장대비가 온다는 소식에 화석을 모두 창고에 넣어 두었어요! 창고엔 공룡 화석뿐 아니라, 귀중한 똥 화석도 있었는데 그걸 누가 홀랑 훔쳐 간 거예요."

디노 박사의 말에 또또는 웃음이 터졌어요.

"푸하하하하. 도둑들이 똥을 가져간 거예요? 그럼 똥 냄새를 따라가면 범인을 찾을 수 있겠네요! 아하하하하."

그러자 디노 박사는 목소리를 높였어요.

"그건 그냥 똥이 아니라 세상에서 가장 비싼 '똥 화석'이에요!"

화들짝 놀란 또또가 입만 뻐끔거리자, 어느새 달려온 엉뚱 박사가 헛기침을 했어요.

"큼큼, 화석은 옛날에 살던 생물의 몸체나 흔적을 말하는데, 오랜 세월 열과 압력 등의 영향을 받으며 암석이나 지층에 묻혀 있지. 동물의 뼈뿐만 아니라 똥이나 알, 그리고 공룡의 발자국도 화석이 될 수 있어."

엉뚱 박사는 계속해서 말을 이어갔어요.

"똥 화석을 연구하면 똥을 눈 주인이 무엇을 먹었는지, 또 어떻게 음식을 소화했는지 알 수 있어서 과거의 생물을 연구하는데 큰 도움이 된단다."

그러자 또또는 무언가 생각난 듯 배시시 웃었어요.

"박사님, 그러면 제 똥도 곧 화석이 되겠네요? 제가 여기에 똥을 한 무더기 싸 놨거든요."

엉뚱 박사는 재빨리 콧구멍에 두 손가락을 쑤셔 넣으며 고개를 저었어요.

"똥이라고 다 화석이 될 수 있는 건 아니야. 재빨리 얼어 버리거나 바짝 말라서 돌처럼 굳을 수 있는 환경이 필요해. 게다가 1만 년 이상은 돼야 화석이라고 할 수 있단다."

옆에서 엉뚱 박사를 눈여겨본 디노 박사는 깜짝 놀랐어요.

"당신은… 그 유명한 엉뚱 박사님이시군요! 오! 박사님, 갑자기 이런 부탁드려서 죄송한데 저희를 좀 도와주시겠어요? 더 늦기 전에 화석 도둑을 잡아야 하거든요."

엉뚱 박사는 탐정을 꿈꾸던 어린 시절을 떠올리며 잠시 생각에 잠겼어요. 그리고는 이내 활짝 웃으며 답했지요.

"좋습니다. 기꺼이 돕겠어요!"

날이 밝자마자 엉뚱 박사, 또또 그리고 디노 박사는 똥 수색대가 되어 화석 발굴 현장으로 출동했어요.

이곳은 화석 발굴 현장이에요. 수많은 고생물학자와 발굴팀이 조심스럽게 화석을 채집하고 있어요. 더운 날씨에도 땀을 뻘뻘 흘리며 진지하게 화석을 발굴하는 모습이 아주 멋져 보여요.

❶ 암석에서 화석을 발굴하기 전, 사진을 찍어 발견 위치를 기록하고 화석의 크기를 재서 공룡 뼈 지도를 그려요.

❷ 곡괭이나 삽 등 도구를 이용해서 공룡 뼈가 손상되지 않게 조심해서 드러내요.

화석 발굴 현장을 둘러본 또또가 물었어요.

"박사님, 학자들은 왜 이렇게 힘들게 화석을 발굴하는 거예요?"

또또의 말에 엉뚱 박사가 허리춤에 손을 얹으며 대답했어요.

"화석은 우리가 알 수 없는 지구의 과거를 알려 주는 중요한 증거물이야. 화석을 통해 지구의 예전 모습을 추측해 볼 수 있거든."

"화석이 지구의 과거 모습을 말해 준다고요?"

또또가 고개를 갸우뚱하자 엉뚱 박사는 안경을 추켜올리며 말했어요.

"그렇단다. 삼엽충 화석을 보면 삼엽충이 어떤 모습이였는지 추측해 볼 수 있잖아? 이처럼 화석을 통해 지금은 멸종되었지만 오래전에 살았던 생물의 생김새와 생활 모습을 알 수 있어.

또 화석으로 먼 옛날의 기후나 환경도 알 수 있지. 산호는 주로 따뜻하고 얕은 바닷가에서 살아. 만약 산호 화석이 발견된 곳이 있다면, 그곳은 과거에 바다였을 가능성이 크겠지?"

"우아! 신기하다. 그런데 박사님, 화석은 어떻게 만들어지는 거예요? 공룡 화석 같은 거 말이에요."

"하하하, 또또가 여행을 하더니 궁금한 게 많아졌구나.

어떻게 화석이 될까?

•1단계
생물이 죽으면 물이나 바람에 의해 강이나 호수 깊은 곳에 가라앉아요.

•2단계
죽은 생물 위에 모래와 진흙이 덮혀요.

공룡 같은 생물이 죽으면 사체가 강물에 떠내려가다 땅에 묻히게 되지. 그러면 살은 없어지고 단단한 뼈 위로 퇴적물이 쌓이는데, 그 퇴적물이 쌓이고 쌓여 오랫동안 잘 보존되면 화석이 되는 거야."

• 3단계
살은 없어지고 단단해진 뼈 위에 퇴적물이 쌓여요.

• 4단계
시간이 흘러 위로 퇴적물이 쌓이면 지층이 만들어지고 뼈는 화석이 돼요.

• 5단계
지구의 큰 힘을 받아 지층이 우뚝 솟거나 풍화, 침식 작용으로 깎이면 화석이 드러나요.

석탄과 석유는 어떻게 만들어질까?

석탄은 물속에 가라앉은 식물이 흙과 모래에 묻혀 오랜 시간 높은 열과 압력을 받아 만들어져요.

석유는 바다 밑에서 플랑크톤이나 생물의 사체가 흙과 모래에 묻혀 오랫동안 높은 열과 압력을 받아 만들어져요.

엉뚱 박사는 눈을 가늘게 뜨고, 숨을 스읍 들이마셨어요.
"화석을 보관했던 창고 열쇠는 누가 가지고 있지요?"
그러자 렉스 팀장이 손을 번쩍 들었어요.
"디노 박사님이요! 박사님만 열쇠를 갖고 있어요."
그 순간 사람들의 눈빛이 일제히 디노 박사에게 향했어요.
"아니, 설마 날 의심하는 건 아니죠? 자, 여기 열쇠요."
디노 박사는 부랴부랴 주머니에서 열쇠를 꺼냈어요.
엉뚱 박사는 열쇠를 유심히 바라보더니, 창고 문으로 성큼성큼 다가갔어요. 그러고는 열쇠 구멍을 요리조리 살펴보았지요.
"박사님, 그러다 구멍으로 들어가시겠… 헛! 잠시만 실례 좀…"
갑자기 배에서 신호가 온 또또는 부리나케 밖으로 뛰쳐나갔어요. 잠시 후, 엉뚱 박사는 얼굴에 엷은 미소를 띠며 말했지요.

"디노 박사님! 열쇠는 항상 가지고 다니시나요?"

"물론이죠. 어젯밤에도 주머니 속에 꼭 넣고 잤는걸요."

엉뚱 박사는 고개를 끄덕이고는 수염을 만지작거렸어요.

그때 볼일을 마친 또또가 개운한 얼굴로 문을 열고 들어서더니 엉뚱 박사에게 외쳤어요.

"박사님, 박사님! 저 똥 누다가 엄청난 생각이 떠올랐어요!"

또또가 엉뚱 박사의 귀에 대고 소곤대자, 모두 귀를 쫑긋 세웠지요. 또또의 말을 들은 엉뚱 박사의 눈이 쨍 빛났어요.

"흐음, 아주 기똥찬 생각이야. 톱스 대원과 프락토 학생? 두 분 신발에는 왜 진흙이 묻어 있지요? 어젯밤 일을 마치고 숙소 밖으로 나간 적이 있나요?"

그러자 프락토가 먼저 입을 열었어요.

"전 어제 새벽에 밖에 널어 둔 빨래 때문에 나갔다 왔어요.

빗소리가 나길래 뛰어나갔지요. 그래서 진흙이 덕지덕지 묻은 거예요."

"그렇군요. 그럼, 톱스 대원은 어젯밤 어디 있었죠?"

"어, 저요? 그러니까… 음… 맞다! 전 배탈이 나서 어제 계속 화장실에 들락날락했어요. 큼큼, 이런! 또 신호가 왔네요. 잠시 실례해도 될까요?"

배를 움켜쥔 톱스 대원은 허둥지둥 일어났어요. 그러다 의자에 가방이 걸려, 안에 있던 물건이 모두 바닥으로 쏟아지고 말았어요.

"아이고, 이를 어째…"

톱스 대원은 쏟아진 물건을 주워 담기 시작했어요. 그 사이 엉뚱 박사는 톱스 대원의 가방에서 떨어진 작은 통을 재빨리 주웠어요. 통 안에는 분홍색 가루가 들어 있었지요.

"스읍, 이건 뭔가요?"

"어, 그러니까 이건… 아! 기침약이에요. 쿨럭쿨럭."

엉뚱 박사는 분홍색 가루와 물 그리고 석고 반죽을 이용해서 진짜 열쇠와 똑같은 석고 열쇠를 만들었어요.

"이 분홍색 가루는 기침약이 아니라 '알지네이트'라는 물질입니다. 화석 실험을 할 때 쓰는 재료인데, 가방 안에서 나온 영수증에 적혀 있더군요. 그리고 열쇠와 창고 열쇠 구멍에도 석고가 묻어 있었어요. 톱스 대원은 디노 박사가 한눈을 판 사이 열쇠를 훔쳐 몰래 석고 열쇠를 만들었던 거예요!"

엉뚱 박사의 말이 끝나자 모두의 시선이 톱스 대원에게 쏠렸어요.

"하하하…. 무, 무슨 말도 안 되는…."

불타는 고구마처럼 얼굴이 벌게진 톱스 대원은 범인이 아니라며 잡아뗐어요. 그러고는 주춤주춤 뒷걸음질 치더니 갑자기 도망치기 시작했어요. 모두 깜짝 놀라 우왕좌왕하던 그때였어요.

주르르르르르륵 꽝!

달아나던 톱스 대원이 뭔가를 밟고 '쾅당' 넘어졌어요. 조금 전에 또또가 길가에 싸 놓은 똥을 밟고 미끄러졌네요!

사람들은 떠나갈 듯 환호성을 질렀어요. 엉뚱 박사의 예리한 추리와 또또의 활약이 아니었다면 범인을 잡기 힘들었을 거예요. 또또는 어깨가 으쓱했어요.

엉뚱 박사도 잠시나마 탐정이 될 수 있어서 행복했어요. 마치 어릴 적 꿈을 이룬 것 같은 기분이 들었거든요.

어느 날, 엉뚱 박사 상담소에 한 통의 편지가 도착했어요. 인도네시아 자바섬에서 온 행운의 초대장이었지요.

"우와! 박사님, 공짜 여행에 당첨됐대요."

얍얍 기합 소리와 함께 기묘한 자세로 엉덩이 체조를 하던 엉뚱 박사는 고개를 갸웃했어요.

"이상하구나. 뜬금없이 웬 초대장이지…?"

"아이참! 그러니까 행운의 초대장이죠. 이런 건 아무나 받는 게 아니라고요!"

마음이 풍선처럼 부푼 또또는 연신 싱글벙글 웃었어요.

<축 당첨!! 행운의 황금 초대장>

특별한 당신을 위해 아주 특별한 선물이 도착했습니다!
당신은 아름다운 자바섬에서 이틀간 환상적인 휴가를 즐기게 된 행운의 주인공입니다.

이 시대 최고의 여행 가이드 Mr. 쯔와  잊지 못할 추억 여행 떠나요. 내일 아침 10시까지 자바섬 선착장에서 만나요!

P.S. - 멋진 트레킹과 뽕 가는 맛집 투어 예정
1인 동반, 애완견 무료

★ 주소 - 인도네시아 자바섬
★ 오는 방법 - 자동차, 비행기, 배, 수영, etc.
★ 숙박 - 1일차 : 너굴 여관 - 2일차 : 딱따구리 나무 호텔
★ 조식 제공, 주차 완비

초대장을 찬찬히 살피다가 지도를 슬쩍 본 엉뚱 박사는 두 눈이 번쩍 뜨였어요.

"인도네시아… 자바섬이라…. 그렇지! 인도네시아라면 '불의 고리' 지대잖아!"

"불의 고래요? 앗싸! 우리 고래도 볼 수 있는 거예요?"

또또는 신이 나서 펄쩍펄쩍 뛰었어요.

그러자 엉뚱 박사는 이맛살을 살짝 찌푸렸어요.

"불의 고래가 아니라 '불의 고리'란다. 태평양을 둘러싸고 있는 지역에 화산이 퍼져 있는 모양이 마치 원처럼 생겼다고 해서 '불의 고리'라고 부르는데, 지구상에서 일어나는 지진과 화산 활동의 대부분이 여기에서 일어나지."

엉뚱 박사의 말에 또또는 가슴이 철렁 내려앉았어요.

"아냐, 진짜! 하필 '불의 고리'일 게 뭐람! 박사님, 왜 그곳에는 화산 활동이 많이 일어나는 거예요?"

엉뚱 박사는 실망해서 어쩔 줄 모르는 또또를 달래며 말했어요.

"그건 바로 '불의 고리'가 지구를 둘러싼 여러 땅덩어리들이 서로 만나는 곳에 있기 때문이야. 만나면서 부딪힌 충격으로 땅이 흔들리면서 지진이나 화산 폭발이 자주 일어나는 거지."

또또는 김샌 표정으로 볼멘소리를 했어요.
"힝, 그럼 여행을 포기해야 하는 거예요?"
그러자 엉뚱 박사는 또또를 토닥였어요.
"화산과 지진은 언제 터질지 정확히 알 수 없어. 하지만 이상 징후로 상황을 예측해 볼 수 있단다. Mr. 쮸가 우리를 초대한 걸 보니, 지금은 안전한 상황이 아닐까?"
"야호~! 그럼 저 가방 싸요!"
또또는 신나게 콧노래를 부르며 짐 가방을 챙겼어요.

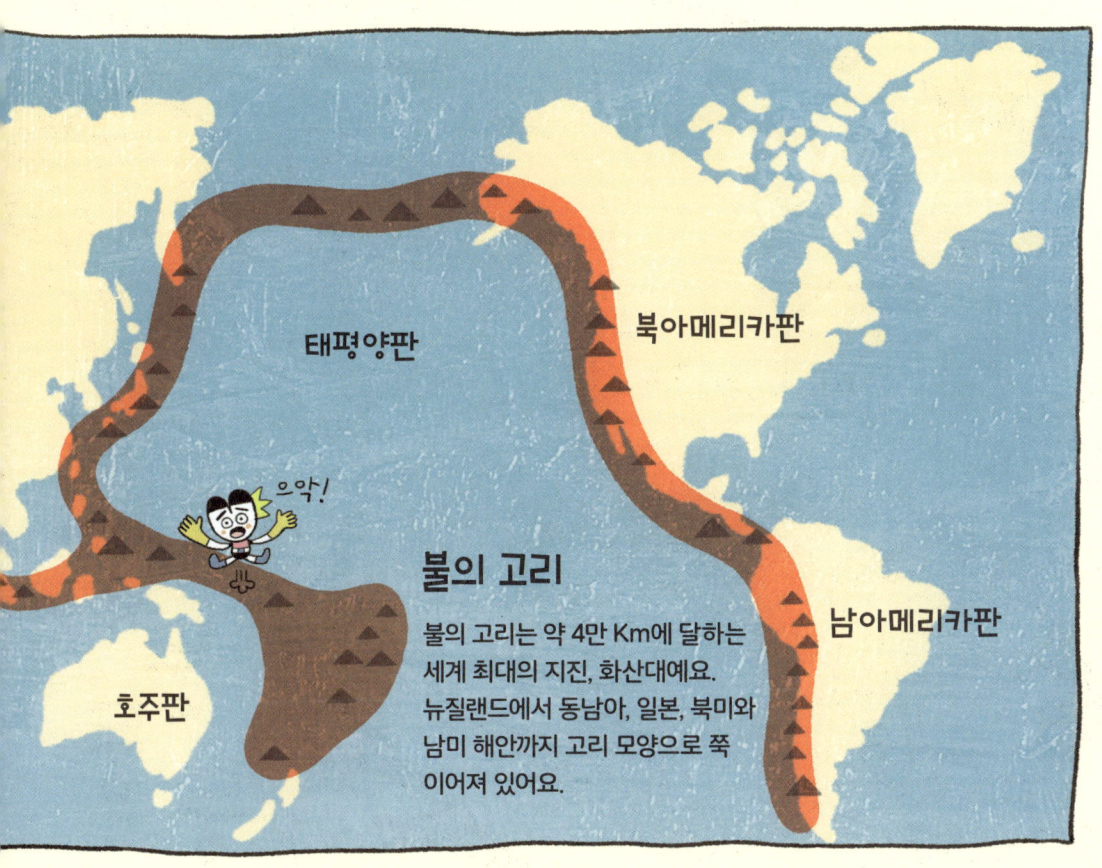

불의 고리

불의 고리는 약 4만 Km에 달하는 세계 최대의 지진, 화산대예요. 뉴질랜드에서 동남아, 일본, 북미와 남미 해안까지 고리 모양으로 쭉 이어져 있어요.

다음 날 엉뚱 박사와 또또는 비행기도 타고 배도 갈아타 가며 자바섬 선착장으로 향했어요. 그런데 참 이상한 일이었어요.

섬으로 들어가는 건 오직 엉뚱 박사와 또또가 탄 배뿐이었거든요. 다른 배들은 모두 육지를 향해 가고 있었지요. 선착장에 다다르자 가이드 Mr. 쮸가 함박웃음을 지으며 손을 흔들었어요.

"어서 오세요. 환영합니다, 여러분! 전 쭈구리에요. Mr. 쮸라고 불러 주세요. 먼 길 오느라 피곤하시죠? 얼른 숙소로 안내해 드릴게요."

Mr. 쮸는 시끌벅적 수선을 피우며 엉뚱 박사와 또또를 너굴 여관으로 데려갔어요. 여관은 땅속 깊은 곳에 연결되어 있어서 자꾸만 아래로 아래로 내려갔어요.

한참을 쫓아가던 엉뚱 박사가 대뜸 물었어요.
"Mr. 쮸 님, 내일은 몇 시부터 관광을 시작하지요?"

흘낏흘낏 눈치를 보던 Mr. 쮸의 목소리가 떨려 왔어요.

"박사님! 용서하세요. 사실은 제가 박사님을 속였어요!"

깜짝 놀란 엉뚱 박사는 두 눈이 휘둥그레졌지요.

"흑, 얼마 전까지 저와 산속 친구들은 화산 아저씨의 품에서 평화롭게 살고 있었답니다. 그런데 어느 날 화산 아저씨가 갑작스레 폭발해서, 산에 살던 친구들은 모두 살 곳을 잃고 여기저기로 떠나 버렸어요."

Mr. 쮸는 콧구멍을 벌름거리며 울먹였어요.

"하지만 전 이곳을 떠날 수 없어요. 저희 가족은 대대로 산을 지키는 화산지기 가문이지요. 그래서 모두가 떠나도 저만은 끝까지 남아 이 산을 지켜야 해요."

Mr. 쮸는 엉뚱 박사에게 화산 아저씨에게 무슨 일이 생겼는지

밝혀 달라고 부탁했어요. 그래서 산속 친구들이 다시 예전처럼 함께 살 수 있도록 도와달라고 애원했지요.

"혹시나 화산 폭발 때문에 박사님이 오시지 않을까 봐, 거짓으로 초대장을 꾸몄어요. 정말… 정말 죄송해요."

엉뚱 박사는 한숨을 푸욱 내쉬었어요. 자신을 속인 건 괘씸했지만, Mr. 쮸의 처지를 생각하니 마음이 짠했어요.

한동안 말이 없던 엉뚱 박사가 마침내 입을 열었어요.

"휴우, 좋습니다. 이왕 여기까지 왔으니 문제를 해결하는 데 힘을 보태도록 하지요."

Mr. 쮸는 환호성을 질렀어요. 여행을 못 하게 된 또또는 입을 부루퉁하게 내밀었고요.

곧이어 엉뚱 박사와 또또는 화산이 폭발한 현장으로 향했어요. Mr. 쮸는 그때를 떠올리며 몸을 부르르 떨었어요.

"그날 갑자기 땅이 흔들리더니 지진이 일어났어요. 그 후 며칠이 지나자 화산이 폭발했지요. 하늘은 온통 새카만 구름으로 가득했고 회색 눈이 날렸어요. 다들 숨쉬기조차 힘들어 했지요."

엉뚱 박사는 수염을 매만지며 말했어요.

"회색 눈이 아니라 화산재였을 거예요. 화산이 터지면 화산재가 하늘로 날아올라, 햇빛을 차단해서 동식물에 피해를 줘요. 또 몸에 해로운 화산 가스를 내뿜어 호흡기에 문제를 일으키죠."

Mr. 쮸는 쉴 새 없이 말을 이어 갔어요.

"피해는 그뿐이 아니었어요. 용암이 흘러나와 산 아래에 살던 사람들은 모두 집을 잃었어요. 또 산불이 일어나 농작물도 모두 타 버렸고요."

이윽고 화산에 도착하자, 엉뚱 박사는 눈 앞에 펼쳐진 광경에 움찔했어요. 곳곳에는 화산 폭발의 끔찍한 흔적이 남아 있었지요.

화산 가스
화산 활동으로 마그마에 녹아 있던 가스가 빠져 나온 거예요. 대부분 수증기로 이루어져 있는데 몸에 해로운 기체도 포함되어 있어요.

화산재
화산이 폭발할 때, 하늘 높이 솟구친 마그마가 순식간에 굳어져 만들어져요. 화산재는 밀가루처럼 아주 부드럽고 작아서 멀리까지 날아가요.

화산 암석 조각
마그마가 땅 밖으로 나오면서 굳으면 크고 작은 다양한 암석 조각이 생겨요.

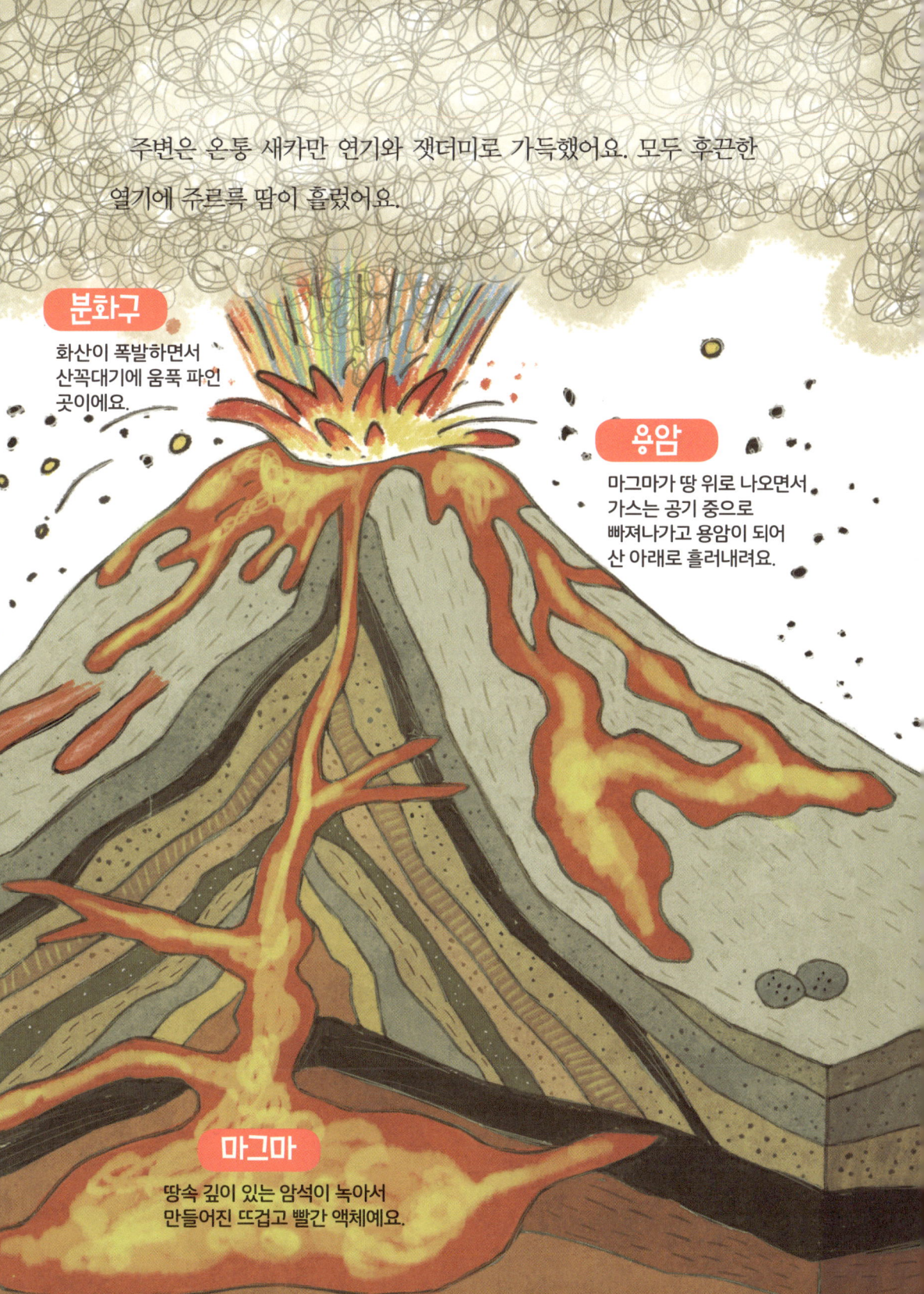

엉뚱 박사를 만난 화산 아저씨는 지난날의 뜨거운 열기를 식히려는 듯 콧김을 훅훅 내뿜더니, 곧 천둥처럼 소리를 쳤어요.

"동물 친구들은 제가 갑자기 화를 냈다며 치사하다고 하더군요! 하지만 전 마구잡이로 화를 내는 이상한 놈이 아니에요!"

화산 아저씨는 난데없이 아주 깊은 곳에서 뜨거운 것이 불쑥 차오르더니 자신도 모르게 시뻘건 것이 치솟아 터진 거라며 억울해했어요.

그러자 엉뚱 박사가 고개를 끄덕이며 말했어요.

"맞아요! 아저씨 탓이 아니에요. 바로 지구 내부에 있는 물질 때문이에요."

그 순간 Mr. 쮸의 머릿속에 무언가 반짝 떠올랐어요.

"박사님, 화산이 터진 구멍 안에 지구 내부로 통하는 엘리베이터가 있어요. 지구 내부의 물질이 대체 뭔지 직접 확인해 봐요."

엉뚱 박사와 또또 그리고 Mr. 쥬는 엘리베이터를 타고 지구 내부로 여행을 시작했어요.

엘리베이터를 타자, 곧장 자동 냉각 장치가 켜졌어요.

"지구는 삶은 달걀처럼 지각, 맨틀, 외핵, 내핵의 여러 층으로 되어 있는데 내부로 들어갈수록 온도와 압력이 높아져요."

잠시 후, 지각층에 다다르자 Mr. 쮸가 외쳤어요.

"헉! 박사님, 바로 저거예요! 저 시뻘건 액체가 화산 아저씨 몸에서 흘러나왔어요!"

"저게 바로 마그마예요. **땅속 깊이 있는 암석이 녹아서 죽같이 걸쭉한 상태가 된 거죠. 이 마그마는 땅속 이산화 탄소와 섞이면서 압력이 아주 높아져요. 높은 압력을 받은 마그마가 땅이 약해진 틈을 타고 천천히 그리고 힘차게 솟아 지표면을 뚫고 올라오면 화산이 폭발하는 거예요.**"

띠이.띠이.띠이. 띠.띠..띠띠띠

지구 한가운데에 다다르자 요란한 소리가 울렸어요. 이런! 특수 냉각 장치가 고장 났어요. 그때, 엘리베이터가 위로 치솟더니 부글부글 끓는 마그마를 타고 폭발하듯 화산 밖으로 튀어나왔어요. 지구 내부에서 솟구친 엘리베이터는 바다에 풍덩 빠졌지요.

바다에서 빠져나온 엉뚱 박사 일행은 화산 아저씨를 다시 찾아가 마그마에 대해 이야기해 주었어요.

"휴, 마그마 때문에 화산이 터졌다면 제가 막을 방법은 없는 거잖아요. 전 다시 예전처럼 동물 친구들과 함께할 수 있을까요?"

"걱정 마세요. 지금은 이렇게 화산 폭발이 활발하지만, 시간이 지나면 폭발 횟수가 점점 줄어들 거예요."

엉뚱 박사의 말에 화산 아저씨가 살짝 안심하는 듯 보였어요.

"정말인가요? 시간이 지나면 나아질까요?"

"네. 하지만 오랜 시간이 걸릴 거예요. 그전까지는 언제든지 화산이 터질 수 있어요. 그래도 화산이 터지기 전, 몇몇 징후를 잘 살피면 동물 친구들도 미리 대비할 수 있을 거예요."

화산 폭발 징후

▶ 지진이 발생해요.

▶ 화산 가스가 나와서 주변 나무가 말라 죽기도 해요.

▶ 땅속 압력이 높아져 주변 땅이 부풀어 올라요.

▶ 마그마 활동이 활발해져서 온천 온도가 상승해요.

Mr. 쮸는 연신 허리를 굽히며 엉뚱 박사에게 감사를 표했어요.

"박사님 덕분에 화산 아저씨에 대한 오해가 풀렸어요. 괜히 화산 아저씨만 원망할 뻔했네요."

엉뚱 박사와 또또는 비록 기대했던 여행은 아니었지만 뿌듯한 마음을 안고 집으로 돌아갔어요.

그리고 얼마 뒤….

엉뚱 박사님께

박사님 덕분에 저와 동물 친구들은 화산 아저씨와 함께 다시 평화롭게 지내고 있어요. 박사님께서 말씀하신 것처럼 화산 폭발 징후를 늘 살피고 있고요. 아! 그리고 이번에 새로운 사실을 알았답니다. 바로 화산 활동이 우리에게 피해를 주기도 하지만 좋은 점도 있다는 사실이었죠.

▶ 마그마의 열 덕분에 지하수가 데워져 새 온천이 생겼어요.

▶ 지열 발전소를 지어 폭발 이후 높아진 땅의 열기로 전기를 만드는 데 활용해요.

▶ 마그마가 식어 여러가지 광물 자원이 되어 우리가 이용할 수 있어요.

▶ 화산재가 천연 비료처럼 땅을 기름지게 만들어 식물이 잘 자라요.

이번 일을 통해 나쁜 점 투성인 것 같은 일도 달리 보면 좋은 점이 있다는 사실을 배웠어요.

사실 그전에는 화산 아저씨가 조금 미웠는데, 이제 화산 아저씨를 다시 보게 되었죠. ㅎㅎ

박사님, 이만 줄일게요. 건강하세요.

P.s. 이번엔 진짜 초대장이에요. 꼭 오셔서 즐거운 온천욕 즐기세요~!

해가 뉘엿뉘엿 지던 어느 날, 하루를 마친 또또가 상담소를 청소하고 있어요. 그때 창밖에 수상한 그림자가 어른거렸어요.
 깜짝 놀란 엉뚱 박사가 나가 보니, 얼굴에 시퍼런 멍이 든 남자아이가 서 있는 게 아니겠어요?

"안녕하세요, 전 월드컵 초등학교 3학년 나홍민이에요. 박사님, 혹시 초딩 고민도 해결해 주시나요?"

"초딩 고민? 너, 좋아하는 여자친구 생겼구나?"

또또가 얼굴을 쓰윽 내밀며 물었어요.

"무슨 소리야? 난 그런 거 관심 없거든!"

퉁명스러운 대답에 또또가 샐쭉거리자, 박사가 물었어요.

"홍민이라고 했지? 얼굴은 어쩌다 그렇게 됐니?"

멍든 얼굴을 쓱쓱 문지르던 홍민이는 대수롭지 않은 듯 대답했지요.

"아, 이거요? 오늘 시합에서 프리 킥 막다가 공이 얼굴로 날아 왔어요. 성용이 녀석이 오프사이드만 안 했어도… 아유~."

홍민이는 한숨을 쉬며 소파에 털썩 주저앉더니, 고민을 술술 털어놓았어요.

"실은 제 베프 지성이가 얼마 전에 전학을 갔거든요. 전 슈팅력이 좋고 지성이는 드리블이 빨라서 우리는 축구팀에서도 환상의 짝꿍이었어요."

홍민이는 풀기가 팍 죽은 목소리로 말을 이어 갔어요.

"근데요, 지성이가 전학 가더니 전화도 안 받고, 톡을 보내도 새벽에나 답이 와요. 그전에는 바로바로 답장이 왔거든요. 쳇! 전학 가서도 우정 변치 말고 늘 연락하자고 약속해 놓고선….

박사님! 지성이가 갑자기 왜 이러는 걸까요?"

또또가 오렌지 주스를 내오며 끼어들었어요.

이거 마셔 봐.

"정말 너무하네. 진짜 친한 친구 맞아?"

그러자 홍민이는 눈을 똥그랗게 뜨며 대꾸했어요.

"우리 엄청 친해. 지성이는 내가 호날두 킥 연습할 때도 옆에서 늘 도와준 친구라고. 우린 서로 잠버릇도 알 정도야. 걔는 한번 잠들면 누가 업어 가도 몰라. 코도 엄청 골고. 킥킥."

또또는 좋은 생각이라도 난 듯 큰 소리로 말했어요.

"아! 그럼 지성이랑 시간을 정해서 연락하면 되잖아."

그러자 홍민이는 한숨을 푹 쉬며 말했어요.

"안 그래도 내가 매일 축구 끝나고 오후 3시에 전화하기로 했거든. 근데 그때 전화를 하면 자꾸 안 받는 거야. 더 황당한 건 내가 약속 시간에 전화를 안 했다며 짜증을 내지 뭐야? 참 나!"

이상하네~ 톡은 주고받는데 전화는 받지 않는다?

<지성이의 수상한 행동, 그것이 알고 싶다!>

전학 전

누가 업어 가도 모르게 자는 친구

전화하면 재깍 받던 친구

전학 후

지금은 전화도 안 받고 짜증만 내는 녀석!

또또는 고개를 갸우뚱했어요.

"정말 전화한 건 맞아? 네가 깜박하고 3시에 전화를 못 했을 수도 있잖아."

하지만 홍민이는 핸드폰을 내보이며 목소리를 높였어요.

"난 거짓말쟁이가 아니야! 정말로 축구 끝나고 전화했단 말이야."

엉뚱 박사는 홍민이의 등을 다독이며 빙그레 웃었어요.

"알았다, 알았어. 지성이가 왜 전화를 안 받는지 알 것 같구나. 혹시 지성이가 외국으로 전학을 갔니?"

그러자 홍민이는 두 눈이 튀어나올 듯 커졌어요.

"대박! 박사님 점쟁이세요? 맞아요. 지성이 아버지 일 때문에 가족이 전부 브라질로 이사 갔어요. 한국의 '메시'가 되어서 돌아오겠다며 어찌나 우쭐대던지!"

"껄껄. 지성이한테 전화해도 받지 않는 건 말이다, 우리나라가 낮일 때 브라질은 깜깜한 밤이기 때문이야."

"네? 우리나라와 낮과 밤이 반대라고요? 진짜예요? 어떻게 그럴 수 있지?"

엉뚱 박사는 지구본을 빙그르르 돌리며 말했어요.

태양은 한곳에서 지구를 비추고 있는데, 지구가 자전축을 중심으로 하루 한 바퀴씩 돌면 태양 빛을 받는 지역이 계속 바뀌게 되지. 그래서 지구가 도는 동안 햇빛이 비치는 곳은 낮이고, 그 반대쪽은 캄캄한 밤이 되는 거야. 이 때문에 우리는 하루에 낮과 밤을 모두 만날 수 있는 거고."

엉뚱 박사는 지구본에서 우리나라와 브라질을 짚으며 말했어요.

"그런데 이 두 나라는 정반대에 위치해 있어. 그러니 우리나라가 낮일 때, 반대쪽인 브라질이 캄캄한 밤이 되는 거야."

그러자 홍민이는 이마로 공을 통통 튀기며 툴툴댔어요.

"쳇! 아무리 밤이라지만, 전화는 받을 수 있잖아요! 제가 결정적인 순간에 날린 헤딩슛이 얼마나 대단했는지 걔가 알아야 하는데… 아, 진짜!"

엉뚱 박사는 슬며시 웃으며 말했어요.

"네가 오후 3시에 전화를 걸면 브라질은 몇 시일까?"

"시간이요?"

"그래. 이건 '표준 시간대'라는 거야. 지구를 세로 방향으로 24개의 띠로 나눈건데, 띠 한 개마다 1시간씩 차이가 나지. 이 표준시를 기준으로 우리나라와 브라질은 12시간 차이가 난단다."

<표준 시간대>

GMT

나라마다 해 뜨는 시간이 다르니까 시차가 발생해

나라별 시간 차이를 시차라고 한대.

-1 시간   +1 시간

브라질

그래서 네가 오후 3시에 전화 했을 때, 브라질은 새벽 3시였던 거야. 그때 지성이는 쿨쿨 자느라 전화를 못 받은 거고.

한국이 오후 3시일때,

브라질은 지성이가 쿨쿨 자는 새벽 3시야.

그제야 홍민이는 이를 드러내며 환하게 웃었어요.

"아하! 저는 그런 줄도 모르고 지성이가 이제 저랑 친구 하기 싫어서 그러는 줄 알았어요. 히히, 정말 다행이에요."

상담이 끝나자, 어느새 어둠이 짙게 내려앉았어요. 엉뚱 박사는 홍민이가 걱정이 돼서 집까지 데려다주기로 했지요.

엉뚱 박사가 달빛을 가르며 차를 몰고 갈 때였어요.

"박사님, 사실은 아까 지구가 자전한다는 말을 듣고, 속으로 무지 놀랐어요. 지구가 빙글빙글 돌면 막 어지러울 것 같은데 평소에 전혀 느끼지 못했거든요."

그러자 또또가 고개를 휙 돌리며 말했어요.

"난 느낀 적 있어! 지난주에 체했을 때, 하늘이 막 빙빙 돌더라고."

"사실 지구는 엄청 빠른 속도로 돌고 있어. KTX 열차가 시속 300km쯤 되는데 이보다 5배 정도 빨리 돌거든."

"헐, 진짜요? 그렇게 빨리 도는데 우리는 왜 지구가 도는 걸 못 느껴요?"

엉뚱 박사는 고개를 절레절레 흔들며 말했어요.

"우리가 탄 차도 빠른 속도로 달리고 있지만, 그 빠르기가 잘 안 느껴지지? 그건 우리도 차와 같은 속도로 달리고 있기 때문이거든. 마찬가지로 우리도 지구와 같은 속도로 돌고 있어서 그 움직임을 잘 느끼지 못하는 거란다."

우리가 평소에 지구의 자전을 느낄 수는 없지만 확인해 볼 수는 있어.

아! 아까 지구가 하루에 한 바퀴씩 자전하기 때문에 낮과 밤이 생긴다고 하셨잖아요.

오! 맞았어. 예를 하나 더 들어 볼까? 창밖을 한번 봐 보렴.

분명 앞으로 움직이는 건 차인데

마치 풍경이 뒤로 가는 것처럼 보이지?

이처럼 달리는 차에서 보면 주위에 있는 다른 물체가 반대 방향으로 움직이는 것처럼 보여. 태양도 마찬가지야.
지구가 매일 서쪽에서 동쪽으로 자전하니까 지구에서 보면 마치 태양이 동쪽에서 서쪽으로 움직이는 것처럼 보이는 거야.

휴, 지구가 자전하지 않았다면 모든 게 좋을 뻔했네요. 그럼 지성이랑 아웅댈 필요도 없었잖아요.

정말 지구가 자전하지 않으면 좋을까?

홍민이는 뒷머리를 긁적이며 배시시 웃었어요.

"박사님, 지구가 자전해서 천만다행이네요. 우헤헤헤."

어느새 집에 도착했어요. 꾸벅 인사하는 홍민이를 뒤로하고 엉뚱 박사는 다시 상담소로 향했지요. 그때 또또가 두 눈을 부릅뜨며 마구 비명을 질러댔어요.

"꺅! 바… 박사님! 뒤, 뒤에 귀신이 따라와요!"

급히 차를 세운 엉뚱 박사는 온몸에 소름이 돋고 무릎이 덜덜 떨렸어요. 잠시 숨을 고른 후, 엉뚱 박사는 천천히 사이드미러를 바라보았지요.

자세히 보니 하얀 수건을 휘두르며 흥민이가 헐레벌떡 달려오는 게 아니겠어요?

"헥헥, 바…박사님. 깜박하고 안 여쭤본 게 있어서요. 그러면 저는 지성이한테 언제 전화하면 좋을까요?"

엉뚱 박사는 놀란 가슴을 쓸어내리며 손목시계를 보았지요.

"휴, 어디 보자. 네가 새벽 3시에 전화를 하면 좋겠지만 그때는 너도 잠을 자야 하잖아? 그러니 저녁 8시쯤 하면 어떨까? 그럼 브라질은 오전 8시가 될 테니, 지성이가 학교 가는 길에 통화할 수 있을 거야."

"우아! 박사님 정말 최고예요!"

흥민이는 축구공을 퉁퉁 차며 룰루랄라 집으로 달려갔어요.

며칠 후, 엉뚱 박사에게 전화가 왔어요. 띠리링

박사님, 드디어 지성이랑 통화했어요!

하하하. 그것 참 다행이구나!

네. 지성이도 멀쩡한 낮 시간 두고 왜 새벽에 문자 보내고 전화하는지 궁금했대요. 자기랑 통화하기 싫어서 일부러 그러는 줄 알았다지 뭐예요. 바보같이. 크크.

그럼, 이제 서로 오해가 풀렸겠네?

네. 걔도 자전에 대해서 모르고 있더라고요. 역시 우리는 둘도 없는 친구인 것 같아요. 히히.

Q 왜 달 아가씨 얼굴에는 다크서클이 생길까?

달의 공전

마른바람이 스산하게 부는 어느 날, 엉뚱 박사와 또또는 영화를 보고 있었어요. 바로 그때였어요.

끼이이이익~

문이 삐거덕 열리더니, 따박따박 걸어오는 발소리가 들려왔어요. 발소리는 점점 커지더니 갑자기 '뚝!' 하고 멈췄지요.

엉뚱 박사는 등 뒤로 식은땀이 주르륵 흘렀어요. 또또는 침만 꼴깍꼴깍 삼켰고요.

그 순간 엉뚱 박사가 똥 방구를 뿌악 뀌었어요. 깜짝 놀란 또또는 벌떡 일어서다 얼굴을 가린 여자와 딱 마주쳤지요.

"누, 누구세…요?"

그러자 여자는 주문을 외우듯 웅얼대더니, 슬금슬금 마스크와 선글라스를 벗었어요.

안녕하세요.
놀라게 해서 죄송해요. 저는 달이에요.
문이 열려 있길래 들어왔어요.

아, 안녕하세요. 달님.
무슨 일로 오셨어요?

얼굴 때문에 고민이 있어서 찾아왔어요.

얼굴이요?
어떤 고민이길래…?

딱 봐도 문제가 있어 보이는데요.

또또는 달님에게 슬쩍 질문을 던졌어요.

"달님, 다크서클이 매일 생기나요?"

"늘 그런 건 아니에요."

달님은 가방에서 주섬주섬 핸드폰을 꺼냈어요.

"그동안 제 얼굴이 변할 때마다 셀카를 찍어 두었답니다."

엉뚱 박사는 달님이 건네준 사진을 슥슥 넘겨보더니 턱을 만지작거리며 말했어요.

"흐음, 달님의 얼굴 변화에는 뭔가 특별한 점이 있네요."

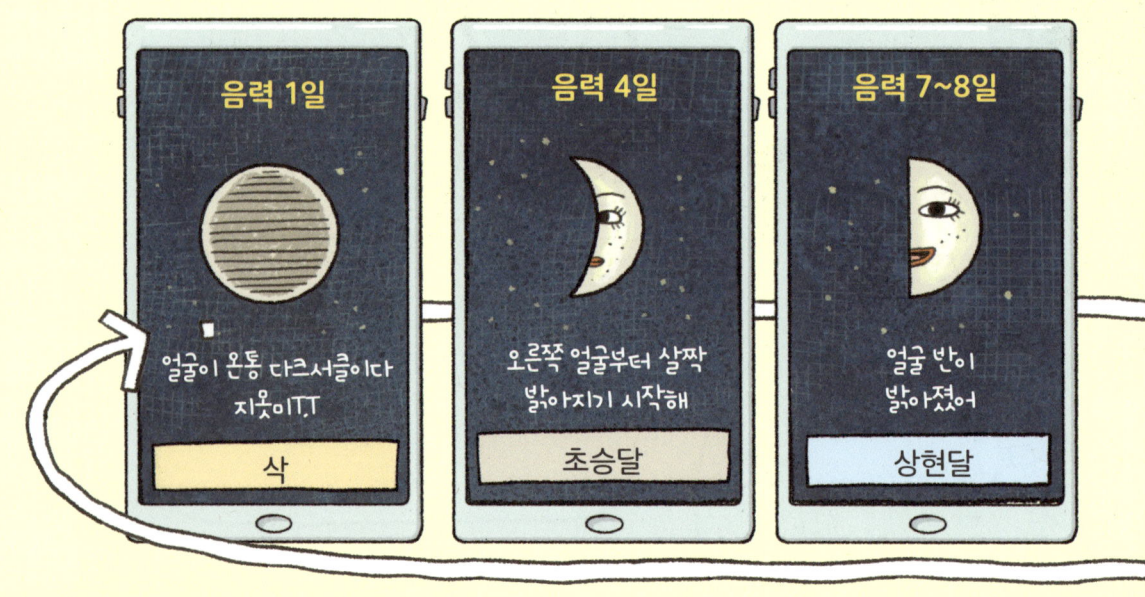

엉뚱 박사는 또또와 달님에게 사진을 한 장씩 보여 주었어요.

찬찬히 살펴보니, 달님의 얼굴은 규칙적으로 변하고 있었지요.

"어머나! 저 찾았어요, 특별한 점! 어두웠던 얼굴이 점점 밝아지다가 보름이 지나면서 다시 어두워지네요."

"맞아요! 음력 1일에 깜깜했던 얼굴이 오른쪽부터 보이기 시작하면서 왼쪽으로 커지다가 보름에 가장 환해져요. 보름이 지나면 오른쪽부터 서서히 어두워지다가 다시 아무것도 보이지 않아요."

옆에서 멍하게 있던 또또가 눈을 가느스름하게 뜨며 말했어요.

"혹시요, 달님 얼굴이 뚱뚱해져서 다이어트를 심하게 하신 거 아니에요? 원래 배고프면 얼굴이 막 퀭~해지잖아요! 어쩌면 이게 다 불규칙한 생활 습관 탓일지도…."

또또의 말에 달님은 단호한 얼굴로 말허리를 잘랐어요.

"어머! 전 꽤 건강하고 규칙적인 생활을 한다고요. 제 하루 일과표 한번 보실래요?"

잠시 후 달님의 일과표를 본 또또는 입이 쩍 벌어졌어요.

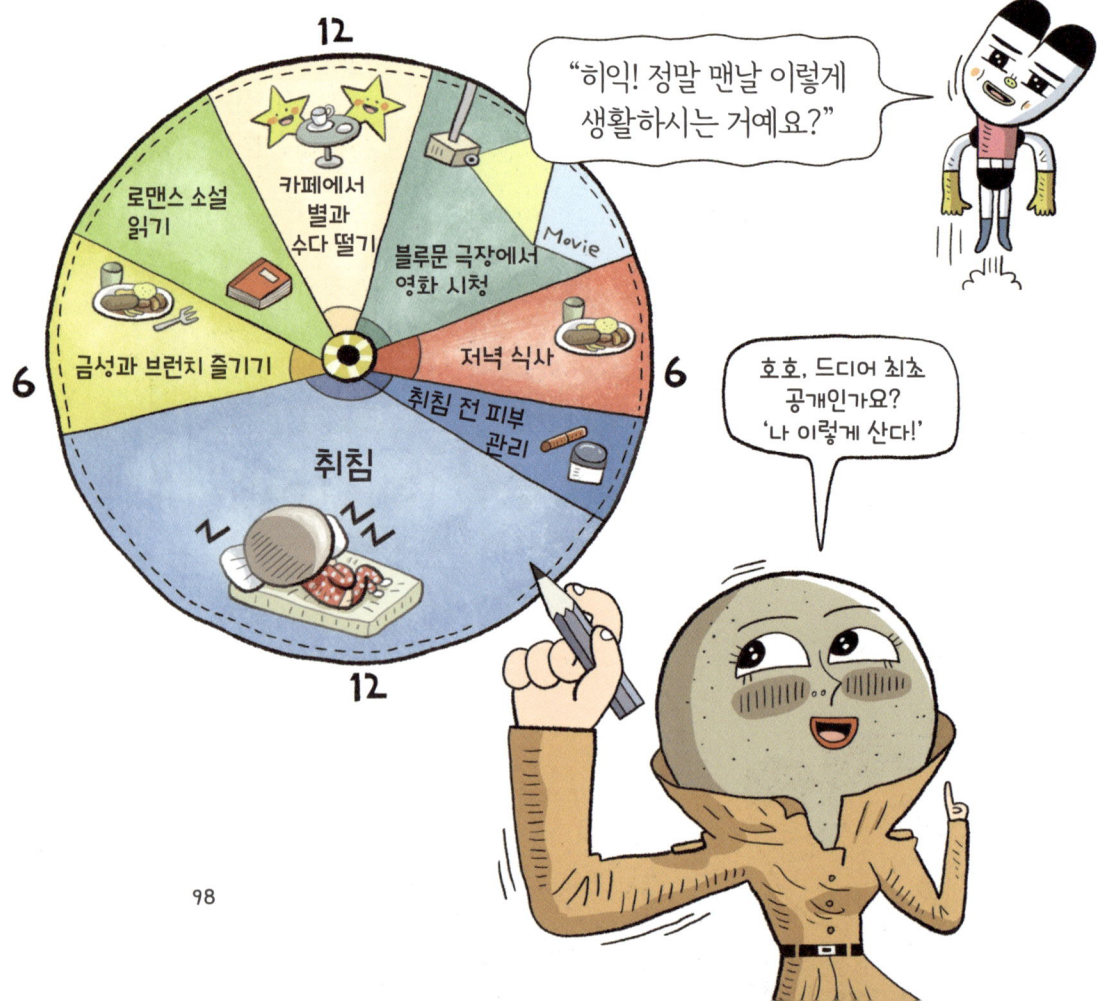

달님은 쑥스러운 듯 얼굴을 붉혔어요.

"사실, 매일 지키지는 못해요. 그렇지만 제가 하루도 빠지지 않고 꼭 하는 게 있어요. 바로 매일 지구 둘레를 13도씩 도는 운동이죠!"

그러자 엉뚱 박사는 함빡 웃으며 손뼉을 '짝!' 하고 마주 쳤어요.

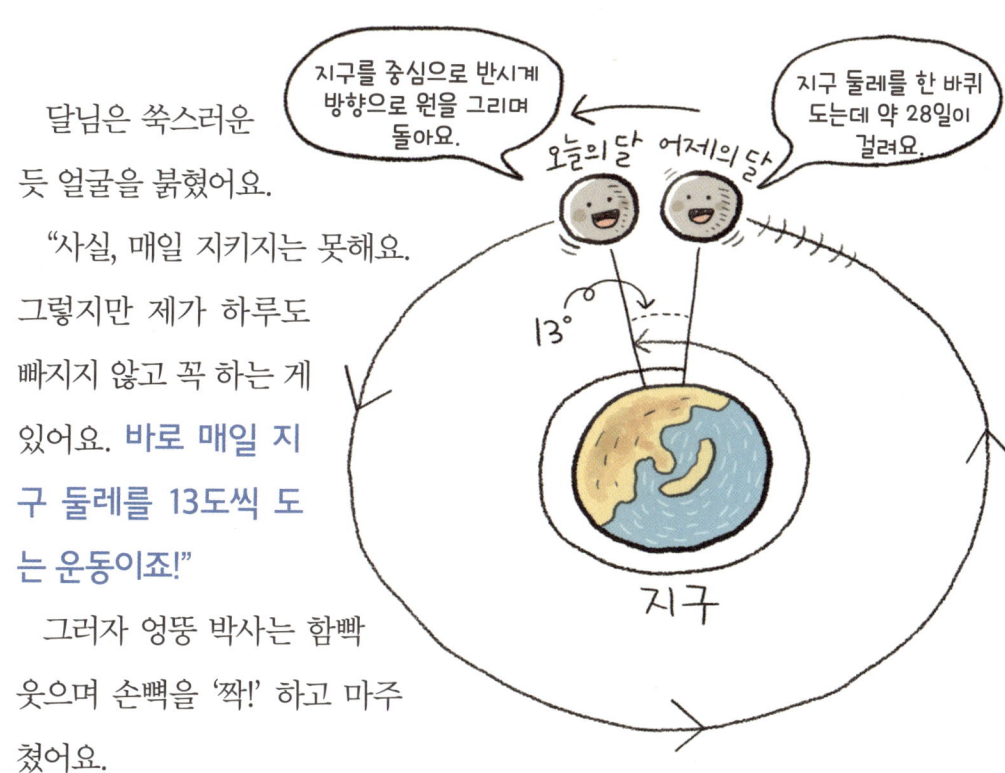

"바로 그거예요! 지구 주위를 공전하기 때문에 달님 얼굴이 어두웠다 밝아졌다 하는 거라고요."

깜짝 놀란 달님은 두 손으로 얼굴을 감싸며 중얼거렸어요.

"그럼, 내가 공전 운동할 때 선크림을 안 발라서 얼굴에 다크서클이 생긴 건가?"

엉뚱 박사는 절레절레 고개를 저었어요.

"아니요. 달님 얼굴에 있는 건 다크서클이 아니에요."

그러자 달님은 커다란 눈을 껌뻑이며 물었어요.

"그럼 이게 다 뭐죠? 호, 혹시 기미? 꺄악!"

"하하. 피부 문제가 아니에요. 알다시피 달님은 스스로 빛을 낼 수 없어요. 태양 빛을 받아 반사되야 환하게 빛나지요."

엉뚱 박사의 말에 달님은 고개를 끄덕였어요.

"맞아요. 근데 태양 빛이 제 얼굴 변화와 무슨 관계라도 있나요?"

"있고말고요. 지구에서 보면, 달이 태양 빛을 받는 부분은 밝게 보이고 반대쪽은 보이지 않거든요."

달 아가씨가 고개를 갸웃하자, 엉뚱 박사는 재빨리 말을 이었어요.

"달님이 매일 지구 주위를 도는 운동을 하기 때문에 달님의 위치는 항상 달라져요. 달님의 위치가 변하면서 지구에서 볼 수 있는 달의 밝은 부분이 많아졌다 적어졌다 하면서 달님 얼굴이 환해졌다 다시 어두워지기를 반복하는 거예요!"

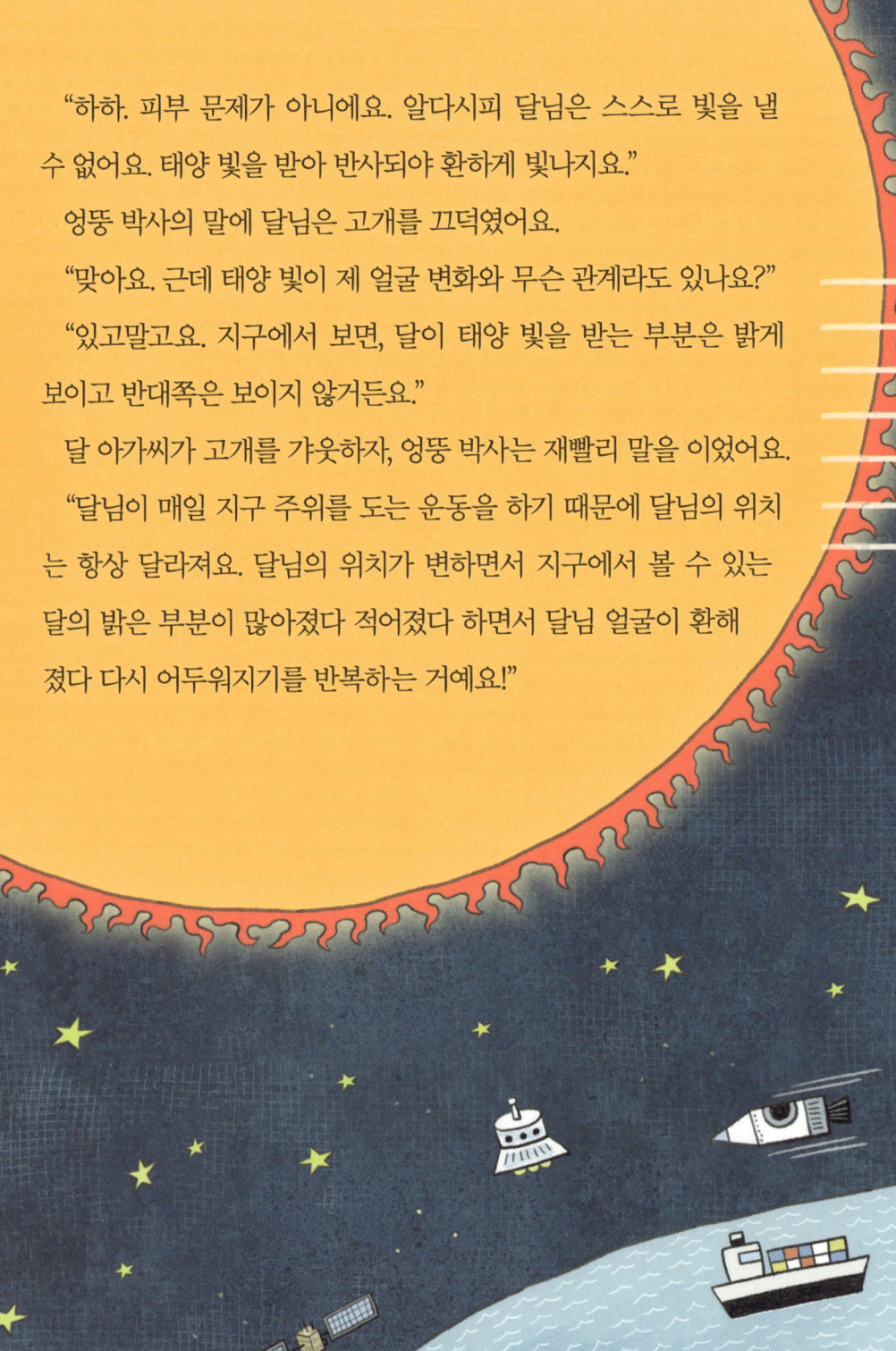

"세상에 전 다크서클의 저주에 걸린 게 아니었군요! 제 얼굴에 이런 비밀이 숨어 있었다니 정말 신기해요!"

"달님, 이제 지구 주위를 도는 운동은 그만두실 건가요? 그 때문에 얼굴이 자꾸 달라 보이잖아요."

또또가 묻자 달님은 봄꽃처럼 환하게 웃으며 말했어요.

"아니요! 공전 운동은 계속할래요. 사실 이 운동 덕분에 건강이 아주 좋아졌거든요."

그 순간 달님의 얼굴이 휘영청 밝게 빛났어요.

"어? 오늘이 보름인가요? 달님 얼굴이 환한 걸 보니 말이에요."

"그런가요? 이제 제 얼굴만 보고도 날짜를 아시네요, 호호호."

어둠속에서 환하게 웃는 달님을 보니 엉뚱 박사와 또또의 마음도 따뜻해졌지요.

며칠 후, 보름날 저녁.

Moonstagram
달아가씨

좋아요 29개 ♡

요즘 기분이 킹왕짱 좋다. 왜냐고? 내 다크서클의 비밀이 밝혀졌거든!
그건 바로 내가 지구 주위를 도는 공전 운동 때문이였다는 사실! 띠용~!
뭐, 아무렴 어때? 태양이 날 어떻게 비추든 모두 내 모습인걸!
남이 뭐라든 난 나를 사랑해! Luv Yourself!
#엉뚱 박사#공전#매일 13도
#지구 언니#우주쇼 '일식과 월식'편 시청하기!

싱글벙글 우주 쇼! 쇼-우! 쇼!

저는 잠시 후 우주 축제가 펼쳐질 월식 현장에 나와 있습니다. 마침 현장에 나와 있는 엉뚱 박사님과 인터뷰를 나눠 보지요. 안녕하세요, 지금 보이는 월식은 어떤 현상인가요?

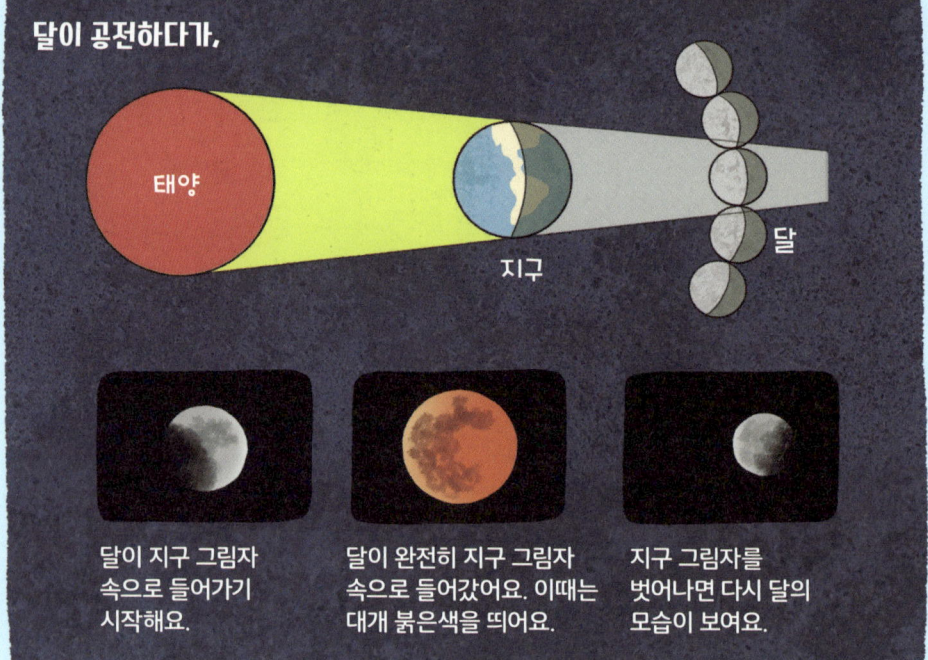

달이 공전하다가,

태양 지구 달

달이 지구 그림자 속으로 들어가기 시작해요.

달이 완전히 지구 그림자 속으로 들어갔어요. 이때는 대개 붉은색을 띠어요.

지구 그림자를 벗어나면 다시 달의 모습이 보여요.

태양의 빛 때문에 지구 뒤쪽에는 긴 그림자가 생겨요. 월식은 달이 지구 둘레를 돌 때 지구 그림자 속으로 들어갔다 나오면서 보이는 현상이에요. 월식은 달이 공전 주기에 따라 매달 일어나는 건 아니에요.

뽕!

저는 지금 신비한 우주 쇼를 보기 위해 수많은 사람들이 모인 이집트 사막을 찾았습니다! 일식을 보기 위해 이곳을 찾은 엉뚱 박사님과 또 인터뷰를 나눠 보지요. 일식이란 어떤 현상인가요?

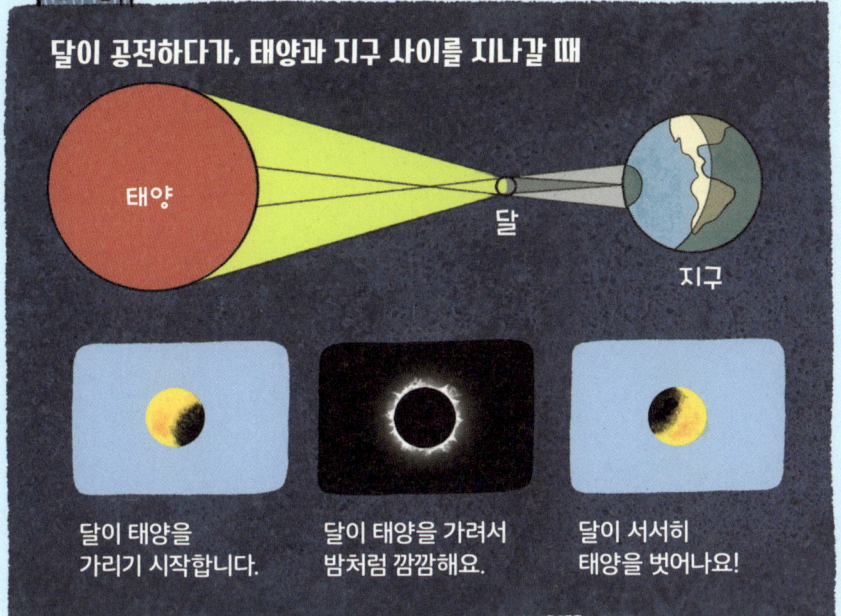

달이 공전하다가, 태양과 지구 사이를 지나갈 때

태양 / 달 / 지구

- 달이 태양을 가리기 시작합니다.
- 달이 태양을 가려서 밤처럼 깜깜해요.
- 달이 서서히 태양을 벗어나요!

일식은 종류에 따라 개기 일식, 부분 일식, 금환식이 있어.

일식은 지구에 달의 그림자가 지나가는 곳에서 달이 태양을 전부 혹은 일부를 가리는 현상이에요.

지구의 공전

Q 오리온자리는 왜 사라졌을까?

푹푹 찌는 어느 여름밤, 엉뚱 박사가 상담소 문을 열고 들어섰어요. 그 순간 온몸을 꽁꽁 얼리는 매서운 바람과 함께 또또의 목소리가 날아들었어요.

에고~ 추워~
바퀴벌레

박사님! 추운 날씨를 좋아하는 두루미를 위해 에어컨과 선풍기를 초강력으로 틀었어요!

"박사님! 오늘은 꼬마 의뢰인이 왔어요!"

상담소에는 똘망한 눈을 한 아기 두루미가 기다리고 있었지요.

두루미는 엉뚱 박사를 찾아온 이유를 재잘재잘 이야기했어요.

"지난봄, 친구들과 고향으로 돌아가던 중에 저는 갑자기 무언가에 '쿵!' 하고 부딪혀 떨어졌어요."

엉뚱 박사가 안타까운 표정으로 물었어요.

"혹시… 건물 유리창에 부딪힌 거니?"

"흑흑, 맞아요. 유리창에 비친 풍경이 진짜인 줄 알고 날아가다가 그만… ."

두루미는 몸을 가늘게 떨며 말을 이었어요.

"다행히 지나가던 여우가 저를 발견하고 정성껏 돌봐 주었죠. 겨우 정신을 차리고 보니 벌써 여름이 되어 있었어요. 전 낮 동안은 더위를 피해 냉동 창고에 숨어 있다가, 어두워지면 밤하늘의 오리온자리를 찾아 헤맸어요. 별자리를 보면 집으로 가는 방향을 찾을 수 있거든요. 근데 참 이상한 일이었어요. 지난 겨울 남쪽 하늘에 빛나던 오리온자리가 감쪽같이 사라진 거예요! 어흑, 박사님! 전 이제 어떻게 집으로 돌아가죠?"

두루미의 사연을 듣던 또또가 엉뚱 박사에게 귓속말을 했어요.

"박사님, 별자리가 뭐예요?"

"음, 별자리는 밝은 별을 중심으로 여러 개의 별을 무리 짓고, 신화 속 동물이나 인물의 이름을 붙여 놓은 거야. 계절마다 밤하늘에 잘 보이는 별자리가 다른데, 그중 오리온자리는 겨울철 대표 별자리란다."

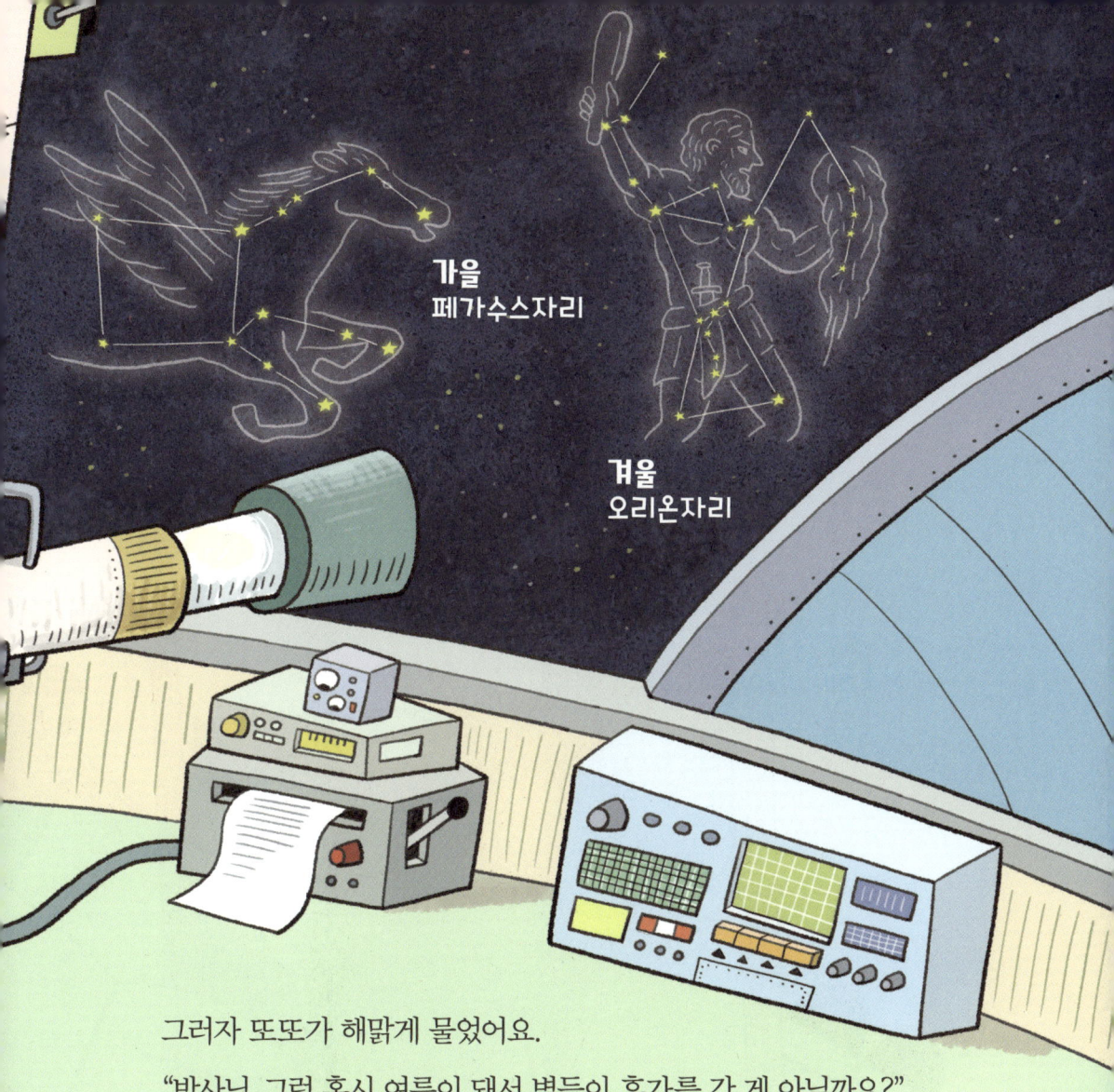

그러자 또또가 해맑게 물었어요.

"박사님, 그럼 혹시 여름이 돼서 별들이 휴가를 간 게 아닐까요?"

"찌찌뽕! 나도 지금은 더우니까 분명 오리온자리가 어딘가 숨었을 거라고 생각했거든!"

또또의 말에 두루미가 맞장구를 쳤어요.

"으이그, 별은 움직이지 않고 항상 같은 자리에 있어.

여름철에 오리온자리가 보이지 않는 건 지구가 태양 주위를 돌고 있기 때문이야."

엉뚱 박사의 말에 두루미와 또또는 서로를 마주 보다가 고개만 갸우뚱했어요.

그때, 지구 아줌마로부터 메시지가 도착했어요.

메시지를 본 엉뚱 박사는 머릿속에 반짝이는 생각이 떠올랐어요. 바로 지구 아줌마에게 영상 통화를 걸어, 두루미와 또또에게 직접 지구의 모습을 보여 주기로 한 거예요.

안녕하세요? 지구 아줌마는 여전히 매력적이시네요. 허허.

태양계 최고 스타라면 이 정도는 돼야쥬.

오늘은 제가 도움을 받고 싶어 연락했어요. 이곳에 길을 잃은 두루미가 찾아왔거든요.

안녕하세요! 저는 겨울 철새 두루미예요. 어서 고향으로 돌아가야 하는데 길잡이였던 오리온자리가 갑자기 사라졌어요!

지금 그곳은 여름이라 오리온자리를 볼 수 없어유. 제가 태양 주변을 빙빙 도는 바람에 지구의 위치가 달라졌거든유.

사자자리

봄

여름 밤하늘엔 역시 거문고자리야!

오리온자리는 정말 안 보여요!

거문고자리

여름

겨울

가을

페가수스자리

옆에서 꾸벅꾸벅 졸던 또또가 하품을 크게 하며 물었어요.
"하암~. 근데 지구 아줌마는 왜 그렇게 기울어져 돌고 있어요? 매일 태양 주위를 돌아서 지치신 거예요?"
"옴마나! 지치긴유~. 사실, 이렇게 기울이면 품위도 있어 보이고 또 약간 기울어져 돌아야 계절이 변하거든유."

난 매일 1도씩 태양 주위를 돌지.

여름

가을

봄

겨울

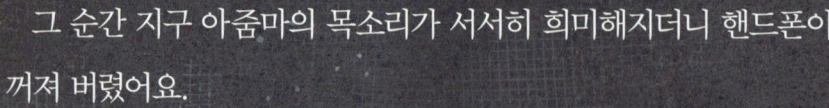
그 순간 지구 아줌마의 목소리가 서서히 희미해지더니 핸드폰이 꺼져 버렸어요.

<여름>

"이런! 중요한 순간에 배터리가 다 되었구나."
할 수 없이 엉뚱 박사가 설명을 이어 나갔어요.
"지구의 자전축이 기울어진 채 태양 주위를 공전하면 지구의 위치에 따라 태양 빛의 높이가 달라진단다. 그래서 자전축이 태양 쪽으로 기울어져 있을 때, 북반구에 있는 우리나라는 태양의 고도가 높아져 햇빛을 많이 받게 되지. 그래서 낮이 긴 여름이 되는 거야.

반대로 자전축이 태양과 반대 방향으로 기울어져 있을 때, 우리나라는 태양의 고도가 낮아져 햇빛을 적게 받아. 그래서 낮이 짧은 겨울이 되는 거란다."

그때 갑자기 두루미가 흐느끼며 울기 시작했어요.

"흑흑, 어떡해요. 지구의 공전으로 여름에 오리온자리를 볼 수 없다면, 전 겨울이 올 때까지 기다려야 하는 건가요?"

그러자 엉뚱 박사는 밤하늘에 떠 있는 별을 가리키며 힘차게 말했어요.

"하하, 좋은 방법이 있단다! 그건 바로 북극성을 찾는 거야. 북극성은 북쪽 하늘에서 1년 내내 볼 수 있는데, 북두칠성이나 카시오페이아자리를 이용해 찾을 수 있지."

북두칠성은 국자 모양 같고 카시오페이아자리는 w 모양 같아요.

북두칠성 국자 모양의 앞부분과 카시오페이아 가운데 별을 직선으로 5배 연장하면 중간에 만나는 별이 있는데 그게 바로 북극성이야.

"박사님! 찾았어요. 저기 북극성이 보여요!"

밤하늘을 바라보던 두루미가 황홀한 표정으로 외쳤어요.

"저 북극성을 따라 북쪽으로 날아가면 틀림없이 고향으로 돌아갈 수 있을 거야."

엉뚱 박사의 말에, 두루미의 두 눈이 밤하늘의 별처럼 총총해졌어요. 두루미는 드디어 힘찬 날갯짓을 시작했어요.

● 철새들은 별자리뿐만 아니라 지구의 자기장이나 태양, 주변의 지형을 이용해 방향을 찾아요.

별게 다 극장

계절별 인기 별자리 영화를 소개합니다.
저녁 9시경 남쪽 하늘에서 만나요~!

봄 상영작

별점 ★★★★☆

이카리오스는 술의 신인 디오니소스에게 포도주 담그는 법을 배워 목동들에게도 알려 줘요. 하지만 포도주를 마시고 취해 버린 목동들은 이카리오스가 독약을 준거라 오해하고 그를 죽여요. 디오니소스는 목동들을 벌하고 이카리오스는 하늘의 별이 되지요.

여름 상영작

별점 ★★★☆

오르페우스는 아내가 독사에 물려 죽자 저승 신 하데스에게 아내를 살려 달라고 애원해요. 하지만 땅에 도착할 때까지 절대 뒤돌아보면 안 된다는 말을 지키지 못해 결국 아내를 찾지 못해요. 슬픔에 빠진 오르페우스는 리라(거문고와 비슷한 악기)를 연주하다 세상을 떠나자 제우스는 불쌍한 오르페우스를 별자리로 만들었어요.

가을 상영작

페가수스자리

별점 ★★★★

벨레로폰은 아테나의 도움으로 날개 달린 말, 페가수스를 얻어 괴물을 죽이고 공주와 결혼해 왕이 됐어요. 얼마 후 자만심에 빠진 벨레로폰은 제우스의 노여움을 사서 벼락을 맞아요. 주인을 잃은 페가수스는 제우스의 번개 마차를 끌다 결국 하늘의 별이 되지요.

겨울 상영작

오리온자리

별점 ★★★★★

포세이돈의 아들 오리온은 달의 여신 아르테미스와 사랑에 빠져요. 하지만 오리온을 못마땅하게 여긴 아폴론은 아르테미스를 속여 그녀가 쏜 화살에 오리온을 죽게 했지요. 제우스는 슬픔에 빠진 아르테미스를 위해 오리온을 별자리로 만들었어요.

초등과학Q 2

지구를 부탁해
미스터리 고민 상담소

초판 1쇄 발행 2019년 12월 23일
초판 6쇄 발행 2023년 4월 15일

글 전정아 | **그림** 이창우 | **감수** 홍태경
편집 김서중 · 전현정 이선아 김채은 정윤경 | **디자인** 폴리오
제작 박천복 김태근 고형서 | **마케팅** 윤병일 유현우 송시은 | **홍보 디자인** 최진주
펴낸이 김경택
펴낸곳 (주)그레이트북스
등록 2003년 9월 19일 제313-2003-000311호
주소 서울시 구로구 디지털로31길 20 에이스테크노타워5차 12층
대표번호 (02) 6711-8673
홈페이지 www.greatbooks.co.kr

ISBN 978-89-271-9615-0 74400
　　　978-89-271-9560-3(세트)

※이 책은 저작권법에 따라 보호받는 저작물이므로 무단전재와 무단복제를 금합니다.

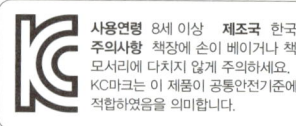